감수 | 김정수

이 책에 실린 전래 동요를 감수해 주신 김정수 선생님은 서울대 국악과를 졸업하고, 연세대 대학원에서 음악 교육을 전공하였습니다.
현재 국립국악원에서 학술 연구와 국악 교육에 관한 일을 하고 있으며, 건국대에서 국악에 관한 강의도 하고 있습니다.
〈국악교육안내서 3 - 전래 동요, 이렇게 가르쳐 보세요〉라는 책을 펴내기도 한 선생님은 우리에게서 외면 받고 사라져가는
우리 고유의 문화와 노래를 이 땅에 올곧게 자리매김할 수 있게 하는 일을 하고 싶다고 합니다.

이 책과 음반에 실린 모든 전래 동요의 가사와 국악기 연주, 노래 들은 국립국악원에서 제공 및 제작하였습니다.

국립국악원이 전해 주는 우리 겨레 우리 노래 28

전래 동요

그림 | 정보영·최양숙·최용호·이영원·박혜경

노래 싣는 차례

애들아, 나와서 놀자

동물 친구들도 나와라

말 주고 받고 흉내내며 놀자

덩실덩실, 다함께 놀아 보자

꼭꼭 숨어라

꼭꼭 숨어라 꼭꼭 숨어라
텃밭에도 안 된다 상추 씨앗 밟는다
꽃밭에도 안 된다 꽃 모종을 밟는다
울타리도 안 된다 호박순을 밟는다

꼭꼭 숨어라 꼭꼭 숨어라
종종머리 찾았네 장독대에 숨었네
까까머리 찾았네 방앗간에 숨었네
빨간 댕기 찾았네 기둥 뒤에 숨었네

꼬방꼬방

꼬방꼬방 *장꼬방에
모래알로 밥을 짓고
꽃잎 따다 전 부치고
풀잎 따서 국 끓이자

***장꼬방** 장독대

깍둑깍둑 깍두기

깍둑깍둑 깍두기 달콤새콤 깍두기
담아 내면 보기 좋고 먹고 나면 맛이 좋다
사또상에 깍두기 어느 누가 담았는가
어머님이 담았는가 며늘애기 담았는가

이 거리 저 거리 각 거리

이 거리 저 거리 각 거리
천석 만석 사만석
도리 김치 장독간에
벅하고 앉은뱅이
도리아 줍세

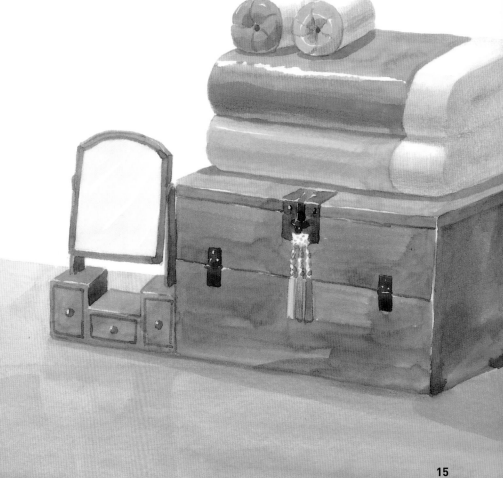

15

16

동무 동무 어깨동무

동무 동무 어깨동무
어디든지 같이 가고
동무 동무 어깨동무
언제든지 같이 놀고

동무 동무 어깨동무
해도 달도 따라오고
동무 동무 어깨동무
너도 나도 따라 놀고

두꺼비집

두꺼비집이 *여물까 까치집이 여물까
두꺼비는 집 짓고 황새는 물 긷고

동구바리 쨍쨍 큰 애기는 밖으로
작은 애기 안으로 동구바리 쨍쨍
까치가 밟아도 딴딴 황소가 밟아도 탄탄

*여물까 튼튼할까

해야 해야

해야 해야 나오너라
저 *건넬랑 음달 지고
이 건넬랑 해 나오고

해야 해야 나오너라
저 건넬랑 음달 지고
이 건넬랑 해 나오고

*건넬 건너

21

어디만큼 강가

어디만큼 강가
*당당 멀었네
*이라좌라 쟁기질
묵은 밭에 *따비질

*당당 아직아직
*이라좌라 우로 좌로. 또는 소 모는 소리
*따비 뿌리를 캐거나 땅을 가는 농기구

23

개굴개굴 개구리

개굴개굴 개구리
네가 뭐가 잘나서 *사모관대를 했느냐

개굴개굴 개구리
네가 뭐가 잘나서 *호박풍잠을 달았느냐

개굴개굴 개구리
네가 뭐가 잘나서 *직염도포를 입었느냐

개굴개굴 개구리
너의 집이 어디냐 미나리밭이 내 집이다

*사모관대 관원이 관복 입을 때 쓰던 모자와 옷
*호박풍잠 갓모자가 뒤로 넘어가지 않도록 꾸미는 반달 모양의 호박 보석으로 만든 물건
*직염도포 염색을 해서 색깔이 있는 남자의 옷

핑깅아 마당 쓸어라

*핑깅아 핑깅아 마당 쓸어라
핑깅아 핑깅아 빙빙 돌아라

핑깅아 핑깅아 마당 쓸어라
핑깅아 핑깅아 빙빙 돌아라

*핑깅이 풍뎅이

벌아 벌아 꿀 떠라

벌아 벌아 꿀 떠라
*연달래 꽃 줄까 *지게달래 꽃 줄까

벌아 벌아 꿀 떠라
연달래 꽃 줄까 지게달래 꽃 줄까

***연달래** 철쭉, **지게달래** 진달래

하마 하마 춤춰라

*하마 하마 춤춰라
느그 할애비 개똥밭에 장구 치며 논다
요 뿔 내고 춤춰라 저 뿔 내고 춤춰라
*솔솔이 나오너라

*하마 달팽이, 솔솔이 가만히

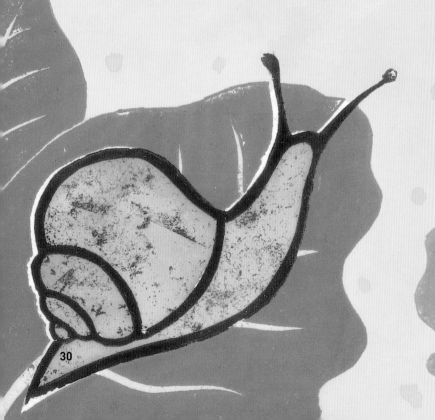

찐득아 찐득아

*찐득아 찐득아 뭘 먹고 살았니

무더운 여름에 소 다리 밑에

대롱대롱 달렸다가

비바람에 뚝 떨어지니

가는 사람 오는 사람

찔끔 밟아 시커먼 피가

툭 터졌네 덜궁덜궁

덜궁덜궁 덜궁덜궁

*찐득이 진드기. 소, 말, 개 따위에 붙어서 피를 빨아먹고 사는 벌레

아가리 딱딱 벌려라

아가리 딱딱 벌려라
흰죽 사발 들어간다
아가리 딱딱 벌려라
열무김치 들어간다

잠자리 꽁꽁

잠자리 꽁꽁 꼼자리 꽁꽁
이리 와라 꽁꽁 저리 가라 꽁꽁
잠자리 꽁꽁 꼼자리 꽁꽁
이리 오면 살고 저리 가면 죽는다

36

부엉부엉

부엉부엉 양식 없다 부엉
걱정마라 붓!

부엉부엉 나무 없다 부엉
걱정마라 붓!

부엉부엉 양식 없다 부엉
꿔다 하지 붓!

부엉부엉 언제 갚지 부엉
*갈에 갚지 붓!

*갈 가을

가자 가자 감나무

가자 가자 감나무 오자 오자 옻나무
허리질춤 배나무 십리절반 오리나무
열아홉에 스무나무 아흔 아홉 백양나무
뚝 떨어졌다 뚝나무 야착 붙었다 찰나무야

대낮에도 밤나무 한 대 때렸다 꿀밤나무
탱자어미 밀감나무 밀감아들 탱자나무
도로아미 목탁나무 대낮에도 밤나무요
암만 커도 소나무요 암만 작아도 대나무요

40

길로 길로 가다가

길로 길로 가다가 못을 하나 주웠네
주운 못을 남 줄까 낫이나 만들지
만든 낫을 남 줄까 꼴이나 베지
벤 꼴을 남 줄까 말이나 먹이지
먹인 말 남 줄까 각시나 태우지
태운 각시 남 줄까 나랑 같이 살지

장사꾼노래

독장수는 독을 지고 *독두판사 나가신다

사발장수는 사발 지고 사부랑 살짝 넘어간다

접시장수는 접시 지고 해발족 해발족 나간다

종발장수는 종발 지고 종잘종잘 나가신다

양푼장수는 양푼을 지고 부잣집 골목만 찾아가고

붓장수는 붓을 지고 선비 방에만 찾아가고

바늘장수는 바늘 지고 처녀 방에만 찾아가고

미역장수는 미역 지고 해산집만 찾아가고

*독두판사 대머리 벼슬아치

바람아 불어라

바람아 바람아 불어라
대추야 대추야 떨어져라
얘들아 얘들아 주워라
할매야 할매야 뺏어라
얘들아 얘들아 울어라

바람아 바람아 불어라
대추야 대추야 널뛰거라
얘들아 얘들아 주워라
할배여 할배여 야 보소
때끼 놈! 침 주까

46

이 박 저 박

이 박 저 박 곤지박
하늘에 올라 조롱박
다 따 먹은 난두박
처마 끝에 대롱박
꼬부랑 막대 탁 치니
꼬부랑 꼬부랑 꼬부랑 깽

49

나물노래

쏙쏙 뽑아 *나생이

이 개 저 개 *지칭개

잡아뜯어 *꽃다지

조용조용 *말랭이

싹싹 도려 *메나리

*나생이 냉이, 말랭이 무말랭이, 메나리 미나리
*지칭개 봄에 자주색 꽃이 피는 야생초
*꽃다지 봄에 노란색 꽃이 피는 야생초

강강술래

강강술래 (강강술래)

전라도 우수영은 (강강술래) 우리 장군 대첩지라 (강강술래)

장군의 높은 공은 (강강술래) 천수만대 빛날세라 (강강술래)

술래 술래 강강술래 (강강술래) 술래 소리 어디 갔나 (강강술래)

때만 찾어 잘도 온다 (강강술래)

어와 우리 친구네들 (강강술래) 허리 늘찐 골라 서서 (강강술래)

다리는 떨먹 어깨는 충정 (강강술래) 욱신욱신 뛰다 가세 (강강술래)

먼데 사람 듣기 좋고 (강강술래) 곁의 사람 보기 좋게 (강강술래)

강강술래 (강강술래)

강강술래 (강강술래)

뛰어 보세 뛰어나 보세 (강강술래) 욱신욱신 뛰어나 보세 (강강술래)

높은 마당이 얕어나 지고 (강강술래) 얕찬 마당이 짚어나 지게 (강강술래)

욱신욱신 뛰어나 보세 (강강술래) 나주 영산 *진 골목에 (강강술래)

*은또가리 팔에 걸고 (강강술래) *지추 캐는 저 큰 아가 (강강술래)

니야 집이 너 어데냐 (강강술래) 내야 집을 찾을라믄 (강강술래)

검은 구름 *방골 속에 (강강술래) 열두 칸 지하집에 (강강술래)

화초병풍 둘러치고 (강강술래) 나귀에다 *핑경 달고 (강강술래)

응그랑쩡그랑 그 소리 듣고 (강강술래) 나알만 찾아오게 (강강술래)

강강술래 (강강술래)

*진 골목 깊은 골목, **은또가리** 은똬리, **지추** 지초. 한약재나 염료로 쓰이는 풀, **방골** 골짜기, **핑경** 풍경

쥔쥐새끼

*쥔쥐새끼 찔룩짤룩 가사리 벗이여
쥔쥐새끼 찔룩짤룩 가사리 벗이여
쥔쥐새끼 찔룩짤룩 가사리 벗이여
쥔쥐새끼 찔룩짤룩 가사리 벗이여

꼬리 따세 휘이!

잡았네 잡았어 쥔쥐새끼를 잡았어
콩 하나 팥 하나 던졌더니 콩 *차두 팥 차두 되었네
잡았네 잡았어 쥔쥐새끼를 잡았어
콩 하나 팥 하나 던졌더니 콩 차두 팥 차두 되었네

콩 콩 전라도 쥔쥐새끼를 잡았어
콩 하나 팥 하나 던졌더니 콩 차두 팥 차두 되었네
잡았네 잡았어 쥔쥐새끼를 잡았어
콩 하나 팥 하나 던졌더니 콩 차두 팥 차두 되었네

*쥔쥐 들쥐, 차두 자루

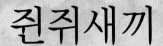

대문놀이

문지기 문지기 문 열어라 열쇠 없어 못 열겠네

어떤 대문에 들어갈까 동대문에 들어가

문지기 문지기 문 열어라 열쇠 없어 못 열겠네

어떤 대문에 들어갈까 서대문에 들어가

문지기 문지기 문 열어라 열쇠 없어 못 열겠네

어떤 대문에 들어갈까 남대문에 들어가

문지기 문지기 문 열어라 열쇠 없어 못 열겠네

어떤 대문에 들어갈까 북대문에 들어가

문지기 문지기 문 열어라 덜커덩 떵 열렸다

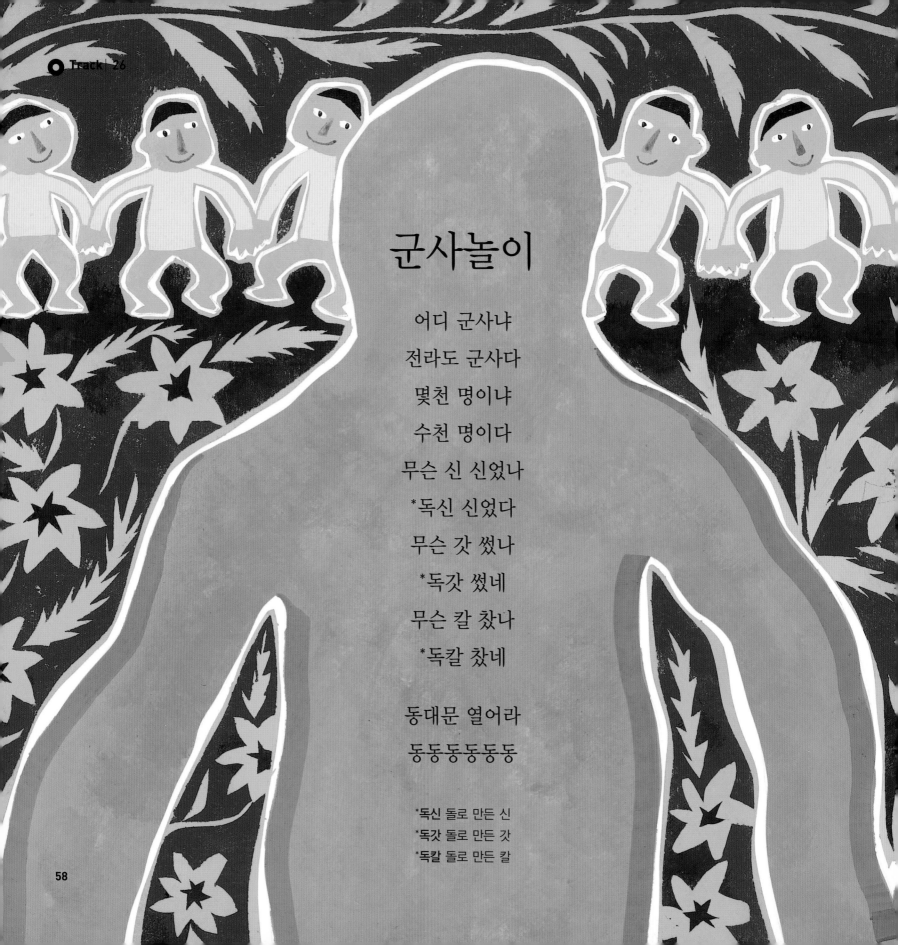

군사놀이

어디 군사냐
전라도 군사다
몇천 명이냐
수천 명이다
무슨 신 신었나
*독신 신었다
무슨 갓 썼나
*독갓 썼네
무슨 칼 찼나
*독칼 찼네

동대문 열어라
동동동동동동

*독신 돌로 만든 신
*독갓 돌로 만든 갓
*독칼 돌로 만든 칼

손치기

손치기 손치기
손으로 친다고 손치기
발치기 발치기
발로 친다고 발치기

*함박쭙박 시집 가
*종갈 애기 나도 가
어린 것이 어찌 가
*옹굴동굴 잘도 가

*함박쭙박 함지박과 쪽박인 듯함
*종갈 조그마한
*옹굴동굴 바가지가 굴러가는 모습

송아지따기

저 달 봤나 난도 봤다 저 해 봤나 난도 봤다
저 구름 봤나 난도 봤다 저 물 봤나 난도 봤다
저 별 봤나 난도 봤다 저 배 봤나 난도 봤다
저 사람 봤나 난도 봤다 저 돌 봤나 난도 봤다
저 나무 봤나 난도 봤다

우리 송아지 어데 갔노 (음매)
돌아간다 돌아간다 물레 실실 돌아간다

아이들의 노래,
왜 전래 동요여야 할까요?

김정수 (국립국악원 학예연구사)

어른들은 아이들을 잘 모릅니다. 어른도 어렸을 때는 아이였지만 어른이 되어서는 아이를 잊고, 어른이 되지요. 그러면서도 대개 '아이를 이해한다'고 쉽사리 얘기하거나 '애들은 어려서 모르니까'라고 단정지어 어른의 생각대로 아이를 어른처럼 만들려고 합니다.

지금 우리가 흔히 〈동요〉라고 부르는 노래는 어른이 아이들을 위해 만든 '어른의 아이들 노래'입니다. 그것은 〈동요〉가 아이들의 정서를 반영한 노래라고는 하지만 엄연히 아이들이 지은 노래는 아니기 때문입니다.

전래 동요는 아이들이 부르는 노래일 뿐 아니라 '아이들이 지은 노래'입니다. 아이들의 눈으로 바라보고 아이들의 느낌, 생각, 정서를 고스란히 표현한 '아이들의 세상 이야기'라고 할 수 있지요. 전래 동요를 눈여겨보면 아이들이 해와 달, 별을 어떻게 생각하고 매미, 잠자리, 달팽이에게 무슨 이야기를 하며 누구와 어떻게 노는지를 속속들이 알 수 있습니다. 아이들의 눈으로 본 삶의 이야기들이 노래가 된 것이 전래 동요입니다. 어른들의 눈으로는 보이지 않고, 어른들의 생각으로는 해낼 수 없는 다양한 헤아림들이 전래 동요 안에 살아 숨쉬고 있습니다.

전래 동요는 아주 단순한 노랫말과 2, 3음으로 구성된 가락으로 이루어져 있습니다. 이것은 아이들의 발달 단계나 학습 수준이 잘 반영되어 있기 때문입니다. 방아깨비를 잡아 두 뒷다리를 잡고 놀며 부르는 강원도 원주의 노래를 보면, 고작 "아침방아 쩌라. 저녁방아 쩌라" 하는 네 음절의 짧은 노랫말과 3음으로 노래가 이루어져 있습니다. 이렇듯 대부분의 전래 동요는 아이들이 익

히고 부르기 쉽게 되어 있습니다. 그렇지만 똑같은 옛날 이야기를 매일 들려주어도 전혀 지루해하지 않고 나름의 상상력으로 그때 그때 이야기를 달리 듣는 아이들의 특성을 생각하면, 단순해서 재미없어하거나 지루해하지 않을까 하는 어른들의 걱정은 전혀 필요없다는 것을 알 수 있습니다.

부모님들께 수수께끼 같은 문제를 하나 드리죠.
"하마 하마 춤춰라. 요 뿔 내고 춤춰라. 저 뿔 내고 춤춰라."
이 노래는 어떤 동물을 노래한 전래 동요입니다. 무엇일까요? 아마 이 노래의 고향에 살지 않은 분들이라면 알아맞히기 쉽지 않을 겁니다. 이 전래 동요는 바로 달팽이를 노래한 것입니다. 이처럼 전래 동요에는 그 노래의 고향 말인 사투리가 노랫말에 그대로 살아 있습니다. 어른들이 지어준 〈동요〉에서 전혀 찾아볼 수 없는 이런 고유한 사투리 노랫말은 전래 동요에 유감없이 드러나고 있습니다. 아이들이 전래 동요를 부르면 자기가 쓰는 사투리로 노래하게 되고, 다른 곳에 사는 또래 친구들의 언어 표현을 알게 되어, 풍부한 어휘력과 다양한 문화를 이해할 수 있게 되는 것이죠.

전래 동요는 〈동요〉와는 달리 거의가 놀이 노래입니다. 아이들의 놀이에는 특정한 놀이 기구가 필요 없습니다. 주위에 있는 모든 것이 놀잇감이고, 놀이는 곧 아이를 아이답게 하는 고갱이('핵심'의 순우리말)입니다. 노랫소리가 없는 놀이, 아니면 소리가 없이 노는 아이들을 상상해 보셨나요? 아이들은 또래 친구랑 놀 때만이 아니라 혼자 물웅덩이에서 놀 때, 방아깨비, 풍뎅이, 반딧불이 같은 곤충이랑 놀 때도 노래를 부르거나 말을 주고 받습니다. 아이들의 삶은 그 자체가 놀이라고 해도 지나치지 않고, 그러다 보니 아이들의 노래는 거의 놀이 노래가 되는 것이지요. 노래와 놀이는 따로 떨어져 있지 않고 유기적으로 연결되어 있기 때문에 아이들로 하여금 놀이와 노래를 동시에 즐길 수 있게 해 줍니다. 놀이와 노래의 역할은 아이들이 자신을 깨닫고 남과 자연을 깨닫게 해 주는 것입니다.

아울러, 누군가 노래하면 다른 누군가는 그저 일방적으로 들어야 하는 형태가 되어 버린 지금의 노래와는 달리, 전래 동요는 함께 어울려 놀며 부르는 노래입니다. 이는 아이들에게 있어 노래가 '나'와 '네'가 함께 '우리'로 어우러지는 공동체성을 기르는 밑거름이 되게 합니다. 그러기에 어른들이 만든 지금의 노래 문화에 길들여지지 않은 아이들을 보면 어김없이, 자신이 노래하고 싶으면 대뜸 "○○야, 우리 ○○ 노래하자."라고 하지요.

전래 동요는 자연 노래입니다. 노래를 부르면 그 속에 자연이 있고, 자연에 대한 생각을 얻을 수 있습니다. TV나 컴퓨터와 같은 기계 문명에 친숙함을 느끼는 요즈음의 아이들과 달리 옛 아이들이 자연에 더 친숙함을 느끼는 데에는 전래 동요가 무척 큰 몫을 했습니다. 자연 속의 동물이나 식물 또는 자연 현상과 관련된 노랫말로 이루어져 있는 많은 전래 동요는 아이들로 하여금 자연을 알고 자연에 친숙함을 느끼게 해 줍니다.

아이들의 노래, 어떤 노래여야 할까요? 1950년대 인도의 싱 교수가 미모사라는 식물에 인도의 전통 음악인 라가(Raga)를 들려주었다고 합니다. 그랬더니 기공의 수가 많아지고 세포의 크기도 커졌다고 합니다. 음악이 생물에 커다란 영향을 미친다는 것은 이미 전문가뿐 아니라 일반인에게도 널리 알려진 사실입니다. 아기를 잉태하고 있는 임산부의 태교 음악에 대한 관심은 이에서 비롯된 것이지요. 이 세상 그 무엇보다 소중한 우리 아이에게 가장 좋은 것을 주고 싶은 마음은 어느 부모나 한결같을 것입니다. 그러기에 더 좋다고 하는 음악을 찾는 것일 테고요. 정서가 메말라 가고 건강한 아이들의 문화가 사라져 가고 있는 지금 아이들의 노래, 어떤 노래여야 하겠습니까?

※ '전래 동요'라는 용어는 아주 오랜 옛날부터 전해 내려온 우리 아이들의 노래와 일제 강점기 이후 서양 음악 어법으로 새롭게 작곡된 아이들 노래인 '동요'를 구별하기 위한 것입니다. 학계에서도 통용되고 있는 용어이기는 하지만 아이들 노래의 역사를 되짚어 보더라도 '전래 동요'라는 용어가 나타난 이유를 알고 의미를 곱씹어 보아야 할 것입니다.

전래 동요를 부르며 하는 놀이는 정해진 것이 아닙니다. 그럼에도 불구하고 놀이법을 알려 주는 것은 하나의 실타래 끝을 풀어 주고자 하는 까닭입니다. 옛 방식을 제대로 안다면 아이들은 스스로 자신들만의 새로운 놀이를 만들어 나갈 것입니다.

이 거 리 저 거 리 각 거 리 ● 이 박 저 박 곤지박

여러 사람이 마주 보고 앉아서 쭉 뻗은 다리를 서로 엇갈려 끼운 다음 노래를 부릅니다. 한 박에 하나씩 다리를 세어 나가다가 노래가 끝날 때 짚어지는 다리를 차례로 빼내는 놀이입니다.

어디만큼 강가

친구들과 길을 걸어가며 노래를 주고 받는 노래입니다. 여러 가지 방법으로 놀 수 있는데 첫 번째 놀이법은 나란히 서서 손을 잡고 한 아이는 눈을 감거나 가려서 앞이 보이지 않게 한 상태에서 목표 지점까지 노래를 주고 받으며 걸어가는 것입니다. 두 번째 놀이법은 한 아이는 앞에 서고 다른 아이들은 뒤에 서서 앞선 친구의 어깨를 두 손으로 붙잡고 머리를 앞 친구의 등에 댄 채 땅만 보고 뒤따르면서 노래를 주고 받습니다.

강강술래

앞 사람의 등을 보고 한 줄로 늘어섭니다. 각자 오른손을 앞으로 내밀고 왼손은 자신의 뒤로 내밀어 오른손으로 앞 사람의 왼손을 잡고 왼손으로는 뒷사람의 오른손을 잡습니다. 맨 앞 놀이꾼이 이끄는 대로 따라 가면서 노래의 박자에 맞추어 천천히 걷다가 빠르게 뛰면서 놀아 봅니다. 둥글게 원을 만들어 놀 수도 있습니다.

쥔쥐새끼

두 줄로 나누어 섭니다. 각 줄의 으뜸놀이꾼을 정해 맨 앞에 세웁니다. 앞사람의 허리를 잡고 노래를 부르다가, 으뜸놀이꾼이 상대편 줄을 끊어서 줄을 놓친 사람을 자기 줄에 더 많이 붙이는 꼬리따기 놀이입니다.

대문놀이

문지기 두 명이 마주 서서 두 손을 맞잡고 머리 위로 올려 대문을 만듭니다. 나머지 놀이꾼들은 줄을 서서 한 명은 왼쪽 문지기를 끼고 돌고, 다른 사람은 오른쪽 문지기를 끼고 돌며 노래를 합니다. 대문을 닫아 잡힌 놀이꾼이 문지기가 됩니다. 놀이꾼들은 앞 놀이꾼의 허리를 안고 머리는 허리 왼편으로 숙이고 움직입니다. 으뜸놀이꾼은 놀이꾼들의 대열 맨 앞에서 두 손을 들어 노래의 흐름에 맞춰 좌우로 흔들며 놀이꾼을 이끌고 대문 안으로 들어갑니다.

군사놀이

마주 보게 두 줄로 늘어서서 서로 손을 잡습니다. 한 줄에 한 아이씩 으뜸놀이꾼을 뽑습니다. 노래를 주고 받는 순서를 정하고 먼저 메기는 소리를 하는 모둠이 '어디 군사냐' 라고 노래하며 맞은편 모둠을 향해 걸어가면, 맞은편 모둠은 '전라도 군사다' 라고 노래를 받으며 뒤로 몇 발짝 물러납니다. 이렇게 노래를 주고 받으며 전진과 후퇴를 되풀이합니다. 노래 끝인 '동동동동동동'을 부르고 난 뒤에 두 모둠의 으뜸놀이꾼이 앞으로 나와 가위바위보를 하여 이긴 모둠이 진 모둠의 놀이꾼 한 명을 자기 모둠으로 데려갑니다.

송아지따기

술래를 정합니다. 술래는 메기는 소리를 하고 나머지 놀이꾼들은 받는 소리를 하며, 술래를 제외한 나머지 놀이꾼들은 한 줄로 늘어서서 으뜸놀이꾼의 허리를 껴안습니다. '돌아간다' 에서부터 술래가 꼬리를 잡기 시작합니다. 술래가 꼬리를 잡으려고 하면 으뜸놀이꾼은 두 손을 벌려 막고 다른 놀이꾼들은 한 줄로 늘어선 채 도망 다닙니다. 놀이 도중에 줄이 끊어지면 줄을 놓친 놀이꾼이 술래가 되고, 술래가 꼬리를 떼면 으뜸놀이꾼이 술래가 됩니다. 이때 술래는 꼬리로 가서 앞 사람을 붙잡습니다. '우리 송아지 어디 갔나' 하는 부분에서 다른 동물을 선택할 수 있습니다. 그러면 다 함께 술래가 선택한 동물의 울음소리를 흉내냅니다.

※ 놀이법 해설은 국립국악원에서 편찬한 〈국악교육안내서 3 – 전래 동요, 이렇게 가르쳐 보세요〉를 참고했습니다.

아이즐 BOOKS 국립국악원이 전해 주는 우리 겨레 우리 노래 28 **전래 동요**

그린이 정보영, 최양숙, 최용호, 이영원, 박혜경

펴낸날 2005년 12월 15일 초판 1쇄 발행, 2006년 11월 10일 초판 3쇄 발행

펴낸이 황태랑 | **펴낸곳** 대한교과서 주식회사

주소 서울시 서초구 잠원동 41-10 | **등록** 1950년 11월 1일 제 16-67호

본부장 김상수 | **편집** 심정민, 구성희 | **디자인** 신유리

음악 국립국악원 | **음원 편집** 디지소닉

표지 제작 신상우 | **사진 촬영** 디옵스

마케팅 이성만, 김갑종, 천용호, 양초희 | **제작** 김진영

마케팅 (02)3475-3981~4 | **편집** (02)3475-3951~5

팩스 (02)541-8244 | **홈페이지** http://www.izzlebooks.com

ⓒ 대한교과서주식회사 · 국립국악원 2005

ISBN 89-378-5435-X ISBN 89-378-5355-8 (세트)

*잘못된 책은 바꾸어 드립니다.

아빠 힘내세요, 올챙이와 개구리,
아기염소, 악어 떼, 솜사탕 등
아이들이 좋아하는 우리 동요 30곡과
신나는 율동이 들어 있어요.

250×250mm/84쪽/양장/가격 9,800원 (CD1 포함)

Baby Bumblebee, BINGO,
A Sailor Went to Sea 등
신나는 최신 영어 동요 27곡과
챈트 4곡이 들어 있어요.

250×250mm/84쪽/양장/가격 9,800원 (CD1 포함)

은자동아 금자동아, 섬집 아기, 반달,
모차르트, 브람스, 슈베르트의 자장가 등
자연 악기로 연주한 우리 자장가와
세계의 자장가 32곡이 들어 있어요.

250×250mm/84쪽/양장/가격 12,800원 (CD2 포함)

도움 주신 분들

우리 가락과 소리의 흥겨움을 일깨워 주신 김경희 국립국악원 학예연구관님과
김정수 국립국악원 학예연구사님께 깊은 감사를 드립니다.